BEI GRIN MACHT SICH IHR WISSEN BEZAHLT

AF153467

- Wir veröffentlichen Ihre Hausarbeit,
  Bachelor- und Masterarbeit

- Ihr eigenes eBook und Buch -
  weltweit in allen wichtigen Shops

- Verdienen Sie an jedem Verkauf

Jetzt bei www.GRIN.com hochladen und kostenlos publizieren

Ganzheitliche Trainingsplanung für mehr Beweglichkeit und Koordination

Sascha Fischer

Bibliografische Information der Deutschen Nationalbibliothek:

Die Deutsche Nationalbibliothek verzeichnet diese Publikation in der Deutschen Nationalbibliografie; detaillierte bibliografische Daten sind im Internet über http://dnb.d-nb.de abrufbar.

ISBN: 9783346994714
Dieses Buch ist auch als E-Book erhältlich.

Das Buch bei GRIN: https://www.grin.com/document/1437807

Deutsche Hochschule für
Prävention und Gesundheitsmanagement
Hermann-Neuberger-Sportschule 3
66123 Saarbrücken

Hausarbeit

Name, Vorname	Fischer, Sascha
Studiengang	Sportökonomie (BSÖ)
Studienmodul	Trainingslehre III
Datum Präsenzphase (siehe Ergebnisdokumentation)	**07.02.2022 – 09.02.2022**

Inhaltsverzeichnis

1 Personendaten

Tab. 1: Allgemeine Personendaten

Alter	23 Jahre
Geschlecht	männlich
Körpergröße	180 cm
Körpergewicht	85 kg
Body-Maß-Index	26,2 kg/m²
Körperfettanteil	24,5 %
Blutdruck	128/82 mmHg
berufliche Tätigkeit	meist sitzende Tätigkeit in einer Verwaltung
sportliche Aktivitäten	**seit 2004:** Fußball (Oberliganiveau; 3 x 1,5h/Woche)
	seit 2018: Krafttraining im Fitnessstudio (2 x 1,5h/Woche)
	Februar 2019: Riss des vorderen Kreuzbandes im linken Knie mit anschließender Operation (Methode: eigenes Sehnengewebe, Semitendinosussehne)
	Mai 2019 – Februar 2019: Physiotherapie (v.a. maschinengestütztes Krafttraining und Beweglichkeitstraining; 3 x 1,5h/Woche)
	seit Februar 2020: vollständige Genesung
	Juli 2020 – Oktober 2020: Fußball- (3x 1,5h/Woche) und Krafttraining (2x 1,5h/Woche)
	November 2020 – Juni 2021: pandemiebedingt kein Fußball- und Krafttraining möglich
	seit Juli 2021: Fußball- (3x 1,5/Woche) und Krafttraining (2x 1,5h/Woche)
zeitlicher Verfügungsrahmen	3 x 1h/Woche
Trainingsmotive	• Verbesserung der Beweglichkeit
	• Verletzungsprophylaxe
	• Steigerung des allgemeinen Wohlbefindens
	• Verbesserung der allgemeinen Fitness

Tab. 2: Allgemeiner Gesundheitszustand

orthopädische Probleme	vollständige Genesung nach Kreuzband-Operation im linken Knie; dennoch Einschränkungen der Beweglichkeit
internistische Probleme	keine
ärztliche Behandlungen	keine
Medikamenteneinnahme	keine
subjektive Beschwerden	eingeschränkte Beweglichkeit, vor allem im Bereich der das Knie umgebenden Muskulatur

Die Person erlitt im Februar 2019 einen Riss des vorderen Kreuzbandes, welcher operativ mit eigenem Sehnengewebe behandelt wurde. Anschließend absolvierte die Person regelmäßiges Kraft- und Beweglichkeitstraining bis zur vollständigen Genesung im Februar 2020. Seitdem kann die Person den sportlichen Aktivitäten wie vor der Verletzung nachgehen. Aus orthopädischer Sicht liegen im Hinblick auf die Verletzung des vorderen Kreuzbandes keine Einschränkungen vor. Dies bescheinigt die Person durch ein ärztliches Attest. Die Person gibt an, trotz des Beweglichkeitstrainings in Anschluss an die Operation bis zur vollständigen Genesung unter einer eingeschränkten Beweglichkeit zu leiden. Vorrangig sei die das Knie umgebende Muskulatur in ihrer Beweglichkeit eingeschränkt, was sich bei den sportlichen Aktivitäten bemerkbar mache. Die Person brauche nach der sportlichen Aktivität eine längere Regenerationszeit und fühle sich generell bei schnellen und kurzen fußballtypischen Bewegungen eingeschränkt. Schmerzen empfinde die Person hierbei aber nicht. Auf Grundlage der beschriebenen Situation und unter Berücksichtigung der Trainingsmotive (Verbesserung der Beweglichkeit, Verletzungsprophylaxe, Steigerung des allgemeinen Wohlbefindens, Verbesserung der allgemeinen Fitness), welche sich mit vergangenen orthopädischen Problemen und den subjektiven Beschwerden decken, bestehen keine Einschränkungen hinsichtlich der Trainierbarkeit und Belastbarkeit der Person. Vielmehr soll dies als Basis für ein Beweglichkeitstraining genutzt werden, um die subjektiven Beschwerden zu mindern und die Trainingsziele zu erreichen.

2 Beweglichkeitstestung

Tab. 3: Beweglichkeitstestung Brustmuskulatur

Muskelgruppe	Brustmuskulatur (M. pectoralis major)
Testausführung	Um die Beweglichkeit der Brustmuskulatur (M. pectoralis major) der Person zu testen, liegt diese zunächst auf dem Rücken. In Rückenlange werden die Beine angewinkelt und die Fußsohle steht auf der Auflagefläche auf. Hierdurch wird das Becken fixiert. Der Brustkorb (Thorax) wird durch den Tester mit der Hand oder dem Unterarm fixiert. Hierbei wird von der zu testenden Seite diagonal durch leichten Zug weggedrückt. Wichtig ist, dass hierbei nur ein leichter Zug und kein Druck auf dem Brustkorb entsteht. Im zu testenten Arm findet im Schultergelenk eine Abduktion und Außenrotation statt. Weiterhin wird das Ellenbogenlenk 90° gebeugt. Der Messbereich ist die Position des Oberarmes zur Horizontalen. Wichtig ist, dass weder das Becken abgehoben wird noch eine Hyperlordose in der Wirbelsäule stattfinden darf, da dies das Testergebnis manipulieren kann (nach Janda, 2000, S. 270).
Richtwerte bzw. Normwerte nach Janda (2000, S. 271):	**Stufe 0:** keine Defizite in der Beweglichkeit; der Oberarm erreicht die Horizontale und durch leichten Druck kann der Oberarm unter die Horizontale bewegt werden **Stufe 1:** leichte Defizite in der Beweglichkeit; der Oberarm kann die Horizontale nicht erreichen; durch leichten Druck kann der Oberarm bis zur Horizontalen bewegt werden **Stufe 2:** deutliche Defizite in der Beweglichkeit; auch durch Druck kann der Oberarm die Horizontale nicht erreichen
Ergebnisse und Interpretation	Die zu testende Person weist keine Defizite in der Beweglichkeit der Brustmuskulatur auf. Der Oberarm kann die Horizontale problemlos erreichen. Durch leichten Druck kann der Oberarm sogar unter die Horizontale bewegt werden. Dies ist auf beiden Seiten der Fall. Somit wird sowohl die link als auch die rechte Seite der Brustmuskulatur der **Stufe 0** zugeordnet. Hinsichtlich der Beweglichkeit der Brustmuskulatur liegen keine Defizite und Einschränkungen vor.

Tab. 4: Beweglichkeitstestung Hüftbeugemuskulatur

Muskelgruppe	Hüftbeugemuskulatur (M. iliopsoas)
Testausführung	Um die Beweglichkeit der Hüftbeugemuskulatur (M. iliopsoas) der Person zu testen, liegt diese zunächst auf dem Rücken und das Gesäß befindet sich am unteren Rand der Liege. Dadurch sind die Beine frei und liegen nicht auf. Die zu testende Person zieht das angewinkelte Bein zum Körper heran (so weit wie möglich), das andere Bein ist weiterhin frei. Wichtig ist, dass weder das Becken abgehoben wird noch eine Hyperlordose in der Lendenwirbelsäule stattfinden darf, da dies das Testergebnis manipulieren kann. Zur Interpretation der Beweglichkeit wird die Position des Oberschenkels des freien Beines zur Körperlängsachse (Hüftbeugewinkel) gemessen (nach Janda, 2000, S. 259).
Richtwerte bzw. Normwerte nach Janda (2000, S. 259):	**Stufe 0:** keine Defizite in der Beweglichkeit; der Oberschenkel erreicht die Horizontale und durch leichten Druck kann der Oberschenkel unter die Horizontale bewegt werden **Stufe 1:** leichte Defizite in der Beweglichkeit; leichte Hüftbeugestellung; durch leichten Druck kann der Oberschenkel bis zur Horizontalen bewegt werden **Stufe 2:** deutliche Defizite in der Beweglichkeit; auch durch Druck kann der Oberschenkel die Horizontale nicht erreichen
Ergebnisse und Interpretation	Die zu testende Person weist leichte Defizite in der Beweglichkeit der Hüftbeugemuskulatur auf. Es findet eine leichte Hüftbeugestellung statt. Durch leichten Druck kann der Oberschenkel bis zur Horizontalen bewegt werden. Dies ist sowohl auf der linken als auch auf der rechten Seite der Fall. Somit werden beide Seiten der **Stufe 1** zugeordnet. Hinsichtlich der Beweglichkeit der Hüftbeugemuskulatur bestehen leichte Beweglichkeitsdefizite, die durch ein gezieltes Beweglichkeitstraining behoben werden sollten.

Tab. 5: Beweglichkeitstestung Kniestreckmuskulatur

Muskelgruppe	Kniestreckmuskulatur (M. rectus femoris)
Testausführung	Um die Beweglichkeit der Kniestreckmuskulatur (M. rectus femoris) der Person zu testen, liegt diese zunächst auf dem Rücken und das Gesäß befindet sich am unteren Rand der Liege. Dadurch sind die Beine frei und liegen nicht auf. Die zu testende Person zieht das angekelkte Bein zum Körper heran. Das Gegenbein wird im größtmöglichen Winkel der Hüftextension durch den Tester fixiert, bevor es in den größtmöglichen Kniebeugewinkel geführt wird. Wichtig ist, dass weder das Becken abgehoben wird noch eine Hyperlordose in der Lendenwirbelsäule stattfinden darf, da dies das Testergebnis manipulieren kann. Zur Interpretation der Beweglichkeit dient der Winkel zwischen Ober- und Unterschenkel (Kniebeugewinkel) (nach Janda, 2000, S. 258).
Richtwerte bzw. Normwerte nach Janda (2000, S. 259):	**Stufe 0:** keine Defizite in der Beweglichkeit; der Unterschenkel hängt senkrecht herab und durch leichten Druck kann die Kniebeugung vergrößert werden **Stufe 1:** leichte Defizite in der Beweglichkeit; der Unterschenkel ist leicht nach vorne gestreckt; durch leichten Druck kann ein Kniewinkel von 90° erreicht werden **Stufe 2:** deutliche Defizite in der Beweglichkeit; der Unterschenkel ist deutlich nach vorne gestreckt; auch durch Druck kann kein Kniebeugewinkel von 90° erreicht werden
Ergebnisse und Interpretation	Die zu testende Person weist leichte Defizite in der Beweglichkeit der Kniestreckmuskulatur auf. Der Unterschenkel ist auf beiden Seiten leicht nach vorne gestreckt, jedoch kann durch leichten Druck ein Kniebeugewinkel von 90° erreicht werden. Auf der rechten Seite ist der Druck, der dafür benötigt wird, geringer. Auf der linken Seite wird mehr Druck benötigt, jedoch kann auch hier ein Kniewinkel von 90° erreicht werden. Möglicherweise hängt dieser Unterschied mit der Operation am linken Knie im Jahr 2019 nach einem Riss des vorderen Kreuzbandes zusammen. Dennoch sind beide Seiten der **Stufe 1** zuzuordnen, da leichte Beweglichkeitsdefizite bestehen, welche durch ein gezieltes Beweglichkeitstraining der Kniestreckmuskulatur behoben werden sollten.

Tab. 6: Beweglichkeitstestung Wadenmuskulatur

Muskelgruppe	Wadenmuskulatur (Mm. triceps surae)
Testausführung	Um die Beweglichkeit der Wadenmuskulatur (Mm. triceps surae) der Person zu testen, liegt diese zunächst auf dem Rücken. Das nicht zu testende Bein ist im Hüft- und Kniegelenk gebeugt, sodass der Fuß vollständig auf der Unterlage aufsteht. Das zu testende Bein ist gestreckt und die untere Hälfte des Unterschenkels geht über die Unterlage hinaus. Der Tester legt eine Hand am Fersenbein und die andere an der Fußaußenkante an. Anschließend übt der Tester an der Ferse Zug aus und zieht dabei in distale Richtung. Gleichzeitig schiebt die andere Hand den Vorfuß mit leichtem Druck in Richtung Schienbein. Wichtig ist, dass der Druck mit dem Daumen am äußeren Fußrand erfolgen soll, da bei einem Druck in der Mitte der Fußsohle eine Anspannung der Mm. triceps surae erfolgen kann, welche das Testergebnis verfälscht. Zur Interpretation der Beweglichkeit dient der Winkel zwischen Fuß und Unterschenkel (90° = 0°-Stellung) (nach Janda, 2000, S. 255).
Richtwerte bzw. Normwerte nach Janda (2000, S. 255):	**Stufe 0:** keine Defizite in der Beweglichkeit; die 0°-Stellung wird erreicht **Stufe 1:** leichte Defizite in der Beweglichkeit; eine Dorsalextension ist möglich, jedoch wird die 0°-Stellung nicht erreicht **Stufe 2:** deutliche Defizite in der Beweglichkeit; die Dorsalextension ist nur bis zu 10° unterhalb der 0°-Stellung möglich
Ergebnisse und Interpretation	Die zu testende Person weist keine Defizite in der Beweglichkeit der Wadenmuskulatur auf. Mit beiden Beinen kann die 0°-Stellung erreicht werden. Somit werden beide Seiten der **Stufe 0** zugeordnet. Hinsichtlich der Beweglichkeit der Wadenmuskulatur liegen somit keine Defizite und Einschränkungen vor.

Tab. 7: Beweglichkeitstestung Kniebeugemuskulatur

Muskelgruppe	Kniebeugemuskulatur (Mm. ischiocrurales)
Testausführung	Um die Beweglichkeit der Kniebeugemuskulatur (Mm. ischiocrurales) der Person zu testen, liegt diese zunächst auf dem Rücken. Das nicht zu testende Bein ist im Hüft- und Kniegelenk gebeugt, sodass der Fuß vollständig auf der Unterlage aufsteht. Das zu testende Bein ist im Kniegelenk gestreckt und wird vom Tester nach oben geführt. Hierbei soll die maximal mögliche Hüftflexion erreicht werden. Wichtig ist, dass weder das Becken abgehoben wird noch eine Hyperlordose in der Lendenwirbelsäule stattfinden darf, da dies das Testergebnis manipulieren kann. Das zu testende Bein muss während der gesamten Testung im Kniegelenk gestreckt bleiben. Zur Interpretation der Beweglichkeit dient der Winkel zwischen Beinachse und Longitudinalachse (Hüftbeugewinkel) (nach Janda, 2000, S. 261).
Richtwerte bzw. Normwerte nach Janda (2000, S. 259):	**Stufe 0**: keine Defizite in der Beweglichkeit; im Hüftgelenk ist eine Flexion von 90° möglich **Stufe 1**: leichte Defizite in der Beweglichkeit; im Hüftgelenk ist eine Flexion zwischen 80 und 90° möglich **Stufe 2**: deutliche Defizite in der Beweglichkeit; im Hüftgelenk ist eine Flexion nur unter 80° möglich
Ergebnisse und Interpretation	Die zu testende Person weist leichte bis deutliche Defizite in der Beweglichkeit der Kniebeugemuskulatur auf. Auf der rechten Seite ist eine Flexion im Hüftgelenk zwischen 80 und 90° möglich. Diese Seite ist der **Stufe 1** zuzuordnen. Auf der linken Seite ist eine Flexion im Hüftgelenk lediglich unter 80° möglich. Daher ist die linke Seite der **Stufe 2** zuzuordnen. Auf der rechten Seite bestehen somit leichte Defizite in der Beweglichkeit, welche durch ein gezieltes Beweglichkeitstraining behoben werden sollten. Auf der linken Seite hingegen bestehen deutliche Defizite in der Beweglichkeit der Kniebeugemuskulatur. Möglicherweise hängt dies ebenfalls wie das Ergebnis der Testung der Kniestreckmuskulatur mit der Operation des vorderen Kreuzbandes im Jahr 2019 zusammen. Die zu testende Person gibt an, dass sich nach subjektivem Empfinden die Beweglichkeit der Kniebeugemuskulatur seit der Verletzung und Operation verschlechtert hat. Daher muss hier ein gezieltes, intensives Beweglichkeitstraining durchgeführt werden, um die Beweglichkeitsdefizite zu beheben. Da keine weiteren orthopädischen Probleme vorliegen, ist ein intensives Beweglichkeitstraining uneingeschränkt möglich.

3   Trainingsplanung Beweglichkeitstraining

Tab. 8: Beweglichkeitstraining Brustmuskulatur

Zielmuskulatur	Brustmuskulatur • M. pectoralis major (großer Brustmuskel) • M. biceps brachii (zweiköpfiger Oberarmmuskel) • M. deltoideus pars clavicularis (Deltamuskel, vorderer Anteil)
Dehnmethode	aktiv, dynamische Arbeitsweise
Übungsbeschreibung	Die Übungsdurchführung erfolgt im Stand. Die Hände werden zunächst hinter dem Körper verschränkt; hierbei zeigen die Handinnenflächen zueinander. Die gestreckten Arme werden aktiv nach oben angehoben wobei sich die Oberkörperhaltung nicht verändert und die Schultern tief bleiben. Um eine dynamische Arbeitsweise zu erreichen, werden die Arme im Wechsel leicht abgesenkt und wieder angehoben.
Belastungsgefüge	Häufigkeit pro Woche: täglich; Sätze: 3; Dehndauer: 45 Sekunden / 15 Wiederholungen; Intensität: gering

Tab. 9: Beweglichkeitstraining Nackenmuskulatur

Zielmuskulatur	Nackenmuskulatur • M. trapezius pars descendens (Trapezmuskel, oberer bzw. absteigender Anteil)
Dehnmethode	aktiv-passiv, statische Arbeitsweise
Übungsbeschreibung	Die Übungsdurchführung erfolgt im Stand. Der Blick ist nach vorne gerichtet und der Kopf wird zur Seite geneigt. Indem die zur Kopfneigung gegenüberliegende Schulter aktiv nach unten gezogen wird, wird die Nackenmuskulatur gedehnt. Diese Position wird statisch gehalten.
Belastungsgefüge	Häufigkeit pro Woche: täglich; Sätze: 3; Dehndauer: 45 Sekunden; Intensität: gering

Tab. 10: Beweglichkeitstraining Rückenstrecker

Zielmuskulatur	Rückenstrecker • Mm. erector spinae (autochthone Rückenmuskulatur)
Dehnmethode	aktiv, dynamische Arbeitsweise
Übungsbeschreibung	Die Übungsdurchführung erfolgt im Vierfüßlerstand. Die Dehnung erfolgt, indem die Bauchmuskulatur aktiv angespannt und die Wirbelsäule nach oben gewölbt wird. Um eine dynamische Arbeitsweise zu erreichen, wird wechselseitig die Bauchmuskulatur leicht gelöst und die Wirbelsäule nach unten gestreckt.
Belastungsgefüge	Häufigkeit pro Woche: täglich; Sätze: 3; Dehndauer: 45 Sekunden / 15 Wiederholungen; Intensität: gering

Tab. 11: Beweglichkeitstraining Wadenmuskulatur

Zielmuskulatur	Wadenmuskulatur • M. gastrocnemius (Zwillingswadenmuskel) • M. soleus (Schollenmuskel)
Dehnmethode	passiv, statische Arbeitsweise
Übungsbeschreibung	Die Übungsdurchführung erfolgt im Stand. Ein Bein wird nach hinten ge-streckt und mit dem ganzen Fuß auf dem Boden aufgesetzt. Das vordere Bein ist im Kniegelenk gebeugt und der Oberkörper wird leicht nach vorne gebeugt. Der Oberkörper und der Oberschenkel des hinteren Beins müssen eine Linie ergeben. Die Füße zeigen beide nach vorne. Durch eine Beugung im vorderen Bein wird der Körperschwerpunkt nach vorne unten verlagert und die Dorsalextension im hinteren Bein vergrößert. Diese Position wird zur Dehnung gehalten.
Belastungsgefüge	Häufigkeit pro Woche: täglich; Sätze: 3; Dehndauer: 45 Sekunden; Intensi-tät: mittel

Tab. 12: Beweglichkeitstraining hintere Oberschenkelmuskulatur

Zielmuskulatur	hintere Oberschenkelmuskulatur • M. biceps femoris (zweiköpfiger Oberschenkelmuskel) • M. semimembranosus (Plattensehnenmuskel) • M. semitendinosus (Halbsehnenmuskel)
Dehnmethode	passiv, dynamische Arbeitsweise
Übungsbeschreibung	Die Übungsdurchführung erfolgt im Stand. Beide Beine werden zunächst leicht gebeugt und dadurch das Gesäß etwas nach hinten unten abgesenkt. Anschließend wird ein Bein nach vorne in leichter Schrittstellung aufgesetzt und gestreckt; hierbei bleibt das hintere Bein gebeugt. Indem der Oberkörper nach vorne geneigt und das Becken gekippt wird, wird die Dehnposition ein-genommen. Um eine dynamische Arbeitsweise zu erreichen, wird das Be-cken im Wechsel aufgerichtet und gekippt.
Belastungsgefüge	Häufigkeit pro Woche: täglich; Sätze: 4; Dehndauer: 45 Sekunden / 15 Wie-derholungen; Intensität: hoch

Tab. 13: vordere Oberschenkelmuskulatur

Zielmuskulatur	vordere Oberschenkelmuskulatur • M. quadriceps femoris (vierköpfiger Oberschenkelmuskel
Dehnmethode	aktiv-passiv, dynamische Arbeitsweise
Übungsbeschreibung	Die Übungsdurchführung erfolgt im Stand. Eine Hand fasst das gleichseitige Bein, welches gebeugt wird, am Unterschenkel knapp über dem Sprungge-lenk. Die Ferse soll sich auf Höhe des Gesäßes befinden. Indem das Becken gekippt und die Ferse maximal bis zum Gesäß gezogen wird, wird die Dehn-position eingenommen. Beide Oberschenkel sind während der gesamten Übungsausführung parallel zueinander und das Knie des gebeugten Beins zeigt vertikal nach unten; das Standbein ist leicht gebeugt. Um eine dynami-sche Arbeitsweise zu erreichen, wird im Wechsel das Becken aufgerichtet und wieder gekippt.
Belastungsgefüge	Häufigkeit pro Woche: täglich; Sätze: 4; Dehndauer: 45 Sekunden / 15 Wie-derholungen; Intensität: hoch

Tab. 14: hintere Oberschenkelmuskulatur II

Zielmuskulatur	hintere Oberschenkelmuskulatur • M. biceps femoris (zweiköpfiger Oberschenkelmuskel) • M. semimembranosus (Plattensehnenmuskel) • M. semitendinosus (Halbsehnenmuskel)
Dehnmethode	passiv, statische Arbeitsweise
Übungsbeschreibung	Die Übungsdurchführung erfolgt im Stand. Beide Beine werden zunächst leicht gebeugt und dadurch das Gesäß etwas nach hinten unten abgesenkt. Anschließend wird ein Bein nach vorne in leichter Schrittstellung aufgesetzt und gestreckt; hierbei bleibt das hintere Bein gebeugt. Indem der Oberkörper nach vorne geneigt und das Becken gekippt wird, wird die Dehnposition eingenommen. Diese Position wird gehalten
Belastungsgefüge	Häufigkeit pro Woche: täglich; Sätze: 4; Dehndauer: 45 Sekunden; Intensität: hoch

Tab. 15: Beweglichkeitstraining Hüftbeugemuskulatur

Zielmuskulatur	Hüftbeugemuskulatur • M. iliopsoas (Lendendarmbeinmuskel) • M. rectus femoris (gerader Oberschenkelmuskel)
Dehnmethode	passiv, dynamische Arbeitsweise
Übungsbeschreibung	Die Übungsdurchführung erfolgt im Kniestand. Hierbei wird ein Bein vor dem Körper auf dem ganzen Fuß aufgestellt. Hierzu wird Bein im Kniegelenk gebeugt, der Fuß soll vor dem Knie stehen. Das hintere Bein liegt sowohl mit dem Knie als auch dem Unterschenkel vollständig auf. Mit den Händen wird der Oberkörper auf dem vorderen Bein abgestützt. Indem der Körperschwerpunkt nach vorne unten verlagert und das Becken abgesenkt wird, wird die Dehnposition eingenommen. Der Oberkörper bleibt während der gesamten Übungsausführung aufrecht. Um eine dynamische Arbeitsweise zu erreichen wird der Körperschwerpunkt abwechselnd leicht nach hinten oben angehoben und anschließend wieder nach vorne unten abgesenkt.
Belastungsgefüge	Häufigkeit pro Woche: täglich; Sätze: 4; Dehndauer: 45 Sekunden / 15 Wiederholungen; Intensität: hoch

Tab. 16: Beweglichkeitstraining Gesäßmuskulatur

Zielmuskulatur	Gesäßmuskulatur • M. glutaeus maximal (großer Gesäßmuskel) • M. glutaeus medius (mittlerer Gesäßmuskel) • M. glutaeus minimus (kleiner Gesäßmuskel)
Dehnmethode	passiv, statische Arbeitsweise
Übungsbeschreibung	Die Übungsdurchführung erfolgt in Rückenlage. Ein Bein wird zunächst im Kniegelenk gebeugt und auf dem Boden aufgestellt, während das andere Bein mit dem Unterschenkel an der Oberschenkelvorderseite des Stützbeins (Außenrotation in der Hüfte) platziert wird. Indem das Stützbein mit beiden Händen an der Oberschenkelrückseite gefasst und zum Oberkörper gezogen wird, wird die Dehnposition eingenommen. Diese Position wird gehalten.
Belastungsgefüge	Häufigkeit pro Woche: täglich; Sätze: 3; Dehndauer: 45 Sekunden; Intensität: mittel

Tab. 17: Beweglichkeitstraining Adduktorenmuskulatur

Zielmuskulatur	Adduktorenmuskulatur
	• M. pectineus • M. adductor longus • M. adductor brevis • M. adductor magnus • M. adductor minimus • M. gracilis
Dehmmethode	aktiv-passiv, postisometrische Arbeitsweise
Übungsbeschreibung	Im aufrechten Sitzen werden zunächst beide Fußsohlen aneinander ge-drückt, unter Zuhilfenahme der Hände werden die Knie nach unten gedrückt. Die zu dehnende Muskulatur wird dadurch zunächst isometrisch kontrahiert (ca. 6-10 Sekunden). Anschließend wird die Muskulatur entspannt (ca. 2-3 Sekunden) und danach wieder mit Hilfe der Hände (passiv) oder ohne Hilfe der Hände (aktiv) gedehnt (ca. 10-20 Sekunden).
Belastungsgefüge	Häufigkeit pro Woche: täglich; Sätze: 3; Dehndauer: 60 Sekunden; Intensi-tät: mittel

Das Dehnprogramm und die Übungsauswahl (Delp, 2020 & Knebel, 1994) orientieren sich an den Ergebnissen der Beweglichkeitstestung sowie an den Trainingsmotiven und subjektiven Beschwerden der Person. Das Beweglichkeitstraining zielt allgemein auf eine Verbesserung der Beweglichkeit, eine Verletzungsprophylaxe, eine verbesserte Entspannungsfähigkeit der Muskulatur einhergehend mit einer Beschleunigung der Regeneration, einem Abbau von Muskelverspannungen und eine Leistungssteigerung durch eine verbesserte Beweglichkeit ab (Schönthaler & Ohlendorf, 2002, S. 29). Weiterhin soll das Beweglichkeitstraining zu einer Verbesserung der intermuskulären Koordination führen und sich positiv auf die Kraftfähigkeit der bewegenden Muskeln auswirken (Schnabel, Harre & Barde, 1997, S. 230). Im Dehnprogramm werden sowohl die aktive als auch passive Dehnmethode mit verschiedenen Arbeitsweisen (statisch, dynamisch, postisometrisch) angewendet. Beim aktiven Dehnen wird die Dehnposition durch die Kontraktion der antagonistisch wirkenden Muskulatur eingenommen. Durch die aktive Beweglichkeit wird auf eine alltagsnahe Form der Beweglichkeit abgezielt. Weiterhin wird im Dehnprogramm durch die Kontraktion nicht antagonistischer Muskeln passiv gedehnt, was eine einfache Anwendung von Dehnübungen ermöglicht. Das postisometrische Dehnen ist eine Sonderform der Dehnmethoden (Hohmann, Lames & Letzelter, 2002, S. 100). Die Variation der Dehnmethoden und Arbeitsweisen soll dazu führen, dass möglichst alle Effekte des Dehnens erreicht und die Vorteile der jeweiligen Methoden und Arbeitsweisen ausgenutzt werden. Die Ergebnisse der Beweglichkeitstestung zeigen Einschränkungen im Bereich der unteren Extremitäten (Hüftbeugemuskulatur, Kniestreckmuskulatur, Kniebeugemuskulatur), weshalb der Schwerpunkt des Dehnprogramms auf Übungen zur Verbesserung der Beweglichkeit der unteren Extremitäten liegt. Dennoch werden alle

weiteren wichtigen Muskel-Gelenk-Systeme (obere Extremitäten, Wirbelsäule) bean-
sprucht. Im Bereich der Brustmuskulatur liegen keine Beweglichkeitsdefizite vor. Um
dies beizubehalten, wird mit einer Übung die Brustmuskulatur gedehnt. Aufgrund der
bereits guten Beweglichkeit erfolgt diese Übung lediglich mit geringer Intensität und ist
auf drei Sätze beschränkt. Unter Berücksichtigung der vorwiegend sitzenden Tätigkeit
der Person im Beruf (Verwaltung), werden Übungen zur Dehnung der Nackenmuskulatur
und des Rückenstreckers implementiert. Da hier bislang ebenfalls keine subjektiven Beschwerden vorliegen, wird auch diese Übung in drei Sätzen mit geringer Intensität durchgeführt. Um die Beweglichkeitsdefizite im Bereich der unteren Extremitäten zu verrin-
gern, wird insbesondere die Wadenmuskulatur, die hintere Oberschenkelmuskulatur, die
vordere Oberschenkelmuskulatur, die Hüftbeugemuskulatur, die Gesäßmuskulatur und
die Adduktorenmuskulatur gedehnt. Hierbei orientiert sich das Belastungsgefüge (Häu-
figkeit, Dehndauer, Wiederholungszahl und Intensität) an den Empfehlungen von Freiwald (2000), um eine gezielte Verbesserung der Beweglichkeit zu erreichen. Aus diesem
Grund wird im Bereich der unteren Extremitäten sowohl die Satzzahl auf vier als auch
die Intensität erhöht. Die Effekte des Dehnprogramms müssen durch eine regelmäßige
Durchführung des Beweglichkeitstests überprüft werden, um eventuell das Belastungsgefüge und die Übungsauswahl anzupassen.

4   Trainingsplanung Koordinationstraining

Tab. 18: Trainingsplanung Koordinationstraining

Übung	Übungsbeschreibung	Belastungsgefüge
Einbeinstand I	stabile Unterlage; der Einbeinstand wird statisch stabilisiert; anschließend kann der Körperschwerpunkt in verschiedene Richtungen verlagert werden	Häufigkeit pro Woche: täglich; Belastungsdauer: 60 Sekunden; Sätze: 2; Satzpausen: 1 Minute
Einbeinstand II	stabile Unterlage; der Einbeinstand wird zunächst statisch stabilisiert; anschließend wird das Spielbein vorwärts und rückwärts geschwungen; die Arme schwingen dabei entgegengesetzt	Häufigkeit pro Woche: täglich; Belastungsdauer: 20 Wiederholungen; Sätze: 2; Satzpausen: 1 Minute
Zweibeinstand mit geschlossenen Augen I	stabile Unterlage; fester Stand; die Augen werden geschlossen und die Position so lange wie möglich gehalten	Häufigkeit pro Woche: täglich; Belastungsdauer: 60 Sekunden; Sätze: 2; Satzpausen: 1 Minute
Zweibeinstand mit geschlossenen Augen II	stabile Unterlage; fester Stand; die Augen werden geschlossen; der Körperschwerpunkt wird in verschiedene Richtungen verlagert; die Fußposition darf nicht verändert werden	Häufigkeit pro Woche: täglich; Belastungsdauer: 60 Sekunden; Sätze: 2; Satzpausen: 1 Minute
Einbeinstand auf Airex-Kissen I	Airex-Kissen; der Einbeinstand wird statisch stabilisiert; anschließend kann der Körperschwerpunkt in verschiedene Richtungen verlagert werden	Häufigkeit pro Woche: täglich; Belastungsdauer: 60 Sekunden; Sätze: 3; Satzpausen: 1 Minute
Einbeinstand auf Airex-Kissen II	Airex-Kissen; der Einbeinstand wird zunächst statisch stabilisiert; anschließend wird das Spielbein vorwärts und rückwärts geschwungen; die Arme schwingen dabei entgegengesetzt	Häufigkeit pro Woche: täglich; Belastungsdauer: 20 Wiederholungen; Sätze: 3; Satzpausen: 1 Minute
Zweibeinstand auf Therapiekreisel	Therapiekreisel; fester Stand; die Augen werden geschlossen; der Körperschwerpunkt wird in verschiedene Richtungen verlagert; die Fußposition darf nicht verändert werden	Häufigkeit pro Woche: täglich; Belastungsdauer: 60 Sekunden; Sätze: 3; Satzpausen: 1 Minute
Kniebeuge auf Airex-Kissen	Airex-Kissen; hüftbreiter Stand; Durchführung von Kniebeugen ohne Zusatzgewicht	Häufigkeit pro Woche: täglich; Belastungsdauer: 20 Wiederholungen; Sätze: 5; Satzpausen: 1 Minute
Ausfallschritte auf Airex-Kissen	Airex-Kissen; bei den Ausfallschritten landet der vordere Fuß jeweils auf dem Airex-Kissen; anschließend ausbalancieren und die Position halten	Häufigkeit pro Woche: täglich; Belastungsdauer: 30 Wiederholungen; Sätze: 4; Satzpausen: 1 Minute
Sprung auf Therapiekreisel	beidbeiniger Sprung auf den Therapiekreisel; anschließend ausbalancieren und Position halten	Häufigkeit pro Woche: täglich; Belastungsdauer: 5 Wiederholungen; Sätze: 5; Satzpausen: 1 Minute

Nach Häfelinger und Schuba (2007, S. 61) soll das Koordinations- und Gleichgewichtstraining im ausgeruhten Zustand und am Anfang einer Trainingseinheit durchgeführt werden. Das Koordinationstraining ist nach den Empfehlungen von Chwilkowski (2006, S. 56) aufgebaut. Hierbei wird mit leichten Bewegungsaufgaben begonnen, worauf schwierigere folgen. Weiterhin sind die Anforderungen zunächst einfach (stabile Unterlage, stabiler Stand) und werden im Verlaufe des Trainings komplexer (Einsatz von Hilfsmitteln wie Airex-Kissen). Außerdem werden die Übungen zunächst statisch durchgeführt und stabilisiert, bevor der dynamische Aspekt (bspw. Bewegung des Spielbeins) integriert wird. Das Belastungsgefüge orientiert sich ebenfalls an den Empfehlungen von Chwilkowsi (2006, S. 56). Die Haltedauer bei statischen Übungen bzw. Anteilen liegt bei 60 Sekunden, die Wiederholungszahl bei den dynamischen Anteilen zwischen fünf und 30. Die Pausendauer beträgt jeweils eine Minute, um der Person eine gewisse Erholung zu ermöglichen. Es werden bis zu fünf Sätze durchgeführt. Die Übungsauswahl und die dazugehörigen Belastungsparameter nach Chwilkowski (2006, S. 56) sollen bei der Person dazu beitragen, dass Haltungs- und Bewegungsabläufe optimiert und die Bewegungsökonomie sowie die sportliche Leistung verbessert werden. Durch die Optimierung der Haltungs- und Bewegungsabläufe soll die Person vor weiteren, eventuell schwerwiegenden Verletzungen geschützt werden. Fußball ist durch viele schnelle Richtungswechsel und kleine, schnelle Bewegungen in den unteren Extremitäten gekennzeichnet. Außerdem wirken äußere Umstände (Spielfeldbeschaffenheit) und Kräfte (bspw. Zweikämpfe) auf die Spieler ein. Das Gleichgewichtstraining soll die koordinativen Fähigkeiten (vgl. Hirtz, 2007, S. 220) verbessern und somit die Erreichung der Trainingsmotive und die Verringerung der subjektiven Beschwerden unterstützen. Außerdem sollen die Gleichgewichtsübungen die Verringerung der Beweglichkeitsdefizite der unteren Extremitäten fördern. Die Übungen zur Verbesserung des Gleichgewichtes sollen regelmäßig angepasst und verändert werden. Sobald sich die Person an die Übungen gewöhnt hat, kann der Schwierigkeitsgrad gesteigert werden (bspw. Einbeinstand auf Therapiekreisel, Einbeinstand und dabei einen Ball an eine Wand werfen und wieder fangen etc.).

5   Literaturrecherche

Tab. 19: Literaturrecherche I

Titel	Acute Effects of Different Stretcing Exercises on Muscular Endurance
Durchführung	Franco, Bruno L.; Signorelli, Gabriel R.; Trajano Gabriel S. & de Oliveira, Carlos G.
Publikation	2008, Journal of Strength and Conditioning Research 22 (6), 1832-1837
Forschungsfrage	Die Effekte des Dehnens auf die körperliche und sportliche Leistungsfähigkeit sind bislang nicht wissenschaftlich abgesichert. Der Zweck der vorliegenden Studie war es, den Einfluss von statischem Dehnen auf die Ausdauer der Muskulatur der oberen Extremitäten zu untersuchen. Es wurden zwei unterschiedliche, voneinander unabhängige Versuche durchgeführt. Der erste Versuch untersuchte, ob die Anzahl der Sätze beim statischen Dehnen einen Einfluss auf die Ausdauerleistungsfähigkeit der Muskulatur hat. Der zweite Versuch untersuchte, ob die Satzdauer einen Einfluss auf die Ausdauerleistungsfähigkeit der Muskulatur hat.
Versuchspersonen	Versuchsgruppe 1: n = 19; männlich: 19, weiblich: 0; Durchschnittsalter: 25 Jahre; Versuch 2: n = 15; männlich: 15, weiblich: 0; Durchschnittsalter: 25,6 Jahre; alle Versuchspersonen nahmen freiwillig an der Testung teil und führten vor dem Versuch regelmäßig Krafttraining (mind. 6 Monate) durch; keine der Versuchspersonen führte zuvor ein geregeltes Dehnprogramm durch
Versuchsaufbau	beide Versuche: Aufwärmen: Bankdrücken (1 Satz, 10-15 Wiederholungen); 1RM-Test (Einer-Wiederholungs-Maximum-Test): Bankdrücken; Dehnprogramm für die beim Bankdrücken beanspruchte Muskulatur; Muskelausdauertest (maximale Wiederholungszahl: Bankdrücken; beide Versuche wurden an jeweils vier Tagen durchgeführt; eine Versuchsgruppe führte an den verschiedenen Tagen unterschiedliche Satzzahlen durch; die andere Versuchsgruppe variierte die Satzdauer.
Ergebnisse und Schlussfolgerungen	Die Ergebnisse der ersten Versuchsgruppe zeigen, dass sich die Leistungsfähigkeit der Muskulatur in einzelnen oder mehreren Sätzen (20 Sekunden) nach einem Dehnprogramm nicht veränderte. Die Ergebnisse der zweiten Versuchsgruppe zeigen eine signifikante Verringerung der Ausdauerleistungsfähigkeit der Muskulatur je nach Art des Dehnens und der Stimulationsdauer. Die Ergebnisse der gesamten Studie zeigen, dass einige Dehnprogramme die Ausdauerleistungsfähigkeit der Muskulatur beeinflussen. Statisch Dehnen mit geringer Intensität beeinflusst die Ausdauer nicht signifikant. Durch eine längere Dauer und eine propriozeptive neuromuskuläre Fazilitation sank die Ausdauerleistungsfähigkeit beim Bandrücken.

Tab. 20: Literaturrecherche II

Titel	The Effect of Static Stretching on Phases of Sprint Performance in Elite Soccer Players
Durchführung	Sayers, Adam L.; Farley, Richard S.; Fuller, Dana K.; Jubenville, Colby, B.
Publikation	2008, Journal of Strength and Conditioning Research 22 (5), 1416-1421
Forschungsfrage	Die Effekte statischen Dehnens auf verschiedene Aspekte der Leistung (beispielsweise Maximalkraft) wurde bereits untersucht. Das Verhältnis zwischen statischem Dehnen vor der Aktivität und Sprintleistung wurde bislang nur spärlich untersucht. Ziel der Studie war es, herauszufinden, welche Phase eines 30-Meter-Sprints durch statisches Dehnen vor der Aktivität bei Profi-Fußballerinnen beeinflusst wird.
Versuchspersonen	n = 20; randomisiert zu zwei Gruppen zugeordnet (Versuchsgruppe 1: mit Dehnprogramm, Versuchsgruppe 2: ohne Dehnprogramm); Alter: 18 – 29 Jahre; Profi-Fußballerinnen
Versuchsaufbau	Versuchsgruppe 1: Aufwärmen (800m Joggen, Kniehebelauf, Side-Steps, Anfersen), Dehnprogramm, drei 30-Meter-Sprints (analysiert in zwei Phasen: 0 – 10 Meter: Beschleunigung, 10,1 – 30 Meter: Maximalgeschwindigkeit) Versuchsgruppe 2: Aufwärmen (800m Joggen, Kniehebelauf, Side-Steps, Anfersen), drei 30-Meter-Sprints (analysiert in zwei Phasen: 0 – 10 Meter: Beschleunigung, 10,1 – 30 Meter: Maximalgeschwindigkeit) Dehnprogramm: jeweils 85 % der maximalen Dehnfähigkeit (wurde zuvor gemessen); Hamstring, Wade, Quadrizeps, Hüftbeuger (Haltezeit: 30 Sekunden; 3 Durchgänge) Der Versuch wurde auf einem Kunstrasenbelag mit den von den Spielerinnen favorisierten Schuhen durchgeführt; der Test wurde einmalig durchgeführt.
Ergebnisse und Schlussfolgerungen	Es ist festzustellen, dass Versuchsgruppe 1 für die ersten 10 Meter (Beschleunigungsphase) des 30-Meter-Sprints mehr Zeit benötigte als Versuchsgruppe 2. Insgesamt waren die Sprintzeiten in Versuchsgruppe 1 höher als in Versuchsgruppe 2. Statisches Dehnen vor den Sprints beeinflusste die Leistung signifikant in negativer Weise. Somit ist festzustellen, dass statisches Dehnen die Sprintleistung sowie die maximale Laufgeschwindigkeit beim 30-Meter-Sprint reduziert. Auf statisches Dehnen sollte somit in Aufwärmprogrammen vor Aktivitäten, die eine maximale Sprintleistung benötigen, verzichtet werden. Stattdessen sollte auf dynamische Dehnübungen zurückgegriffen werden.

6   Literaturverzeichnis

Chwilkowski, C. (2006). *Medizinisches Koordinationstraining – Verbesserung der Haltungs und Bewegungskoordination durch Propriozeption* (2. Aufl.). Köln: Deutscher Trainer Verlag.

Delp, C. (2020). *Beweglichkeit durch Dehnen, Faszienmassage und Mobility-Training: Schmerzfrei und leistungsstark in Sport und Alltag.* Stuttgart: Pietsch

Franco, B. L., Signorelli, G. R., Trajano, G. S. & De Oliveira, C. (2008). Acute effects of different stretching exercises on muscular endurance. *Journal of Strength and Conditioning Research, 22* (6), 1832–1837.

Freiwald, J. (2004). *Dehnen – Legenden, Fakten.* Vortrag, Waldenburg.

Hirtz, P. (2007). Koordinative Fähigkeiten und Beweglichkeit. In K. Meinel, G. Schnabel & J. Krug (Hrsg.), *Bewegungslehre – Sportmotorik. Abriss einer Theorie der sportlichen Motorik unter pädagogischem Aspekt* (11. Aufl., S. 212–242). Aachen: Meyer & Meyer.

Häfelinger, U. & Schuba, V. (2007). *Koordinationstherapie - propriozeptives Training* (Wo Sport Spaß macht, 3., überarb. Aufl). Aachen: Meyer & Meyer.

Hohmann, A., Lames, M. & Letzelter, M. (2002). *Einführung in die Trainingswissenschaft* (Limpert Sportwissenschaft, 2. Aufl). Wiebelsheim: Limpert.

Knebel, K-P. (1994). *Funktionsgymnastik. Dehnen, Kräftigen, Entspannen. Training, Technik, Taktik.* Hamburg: Rohwolt.

Sayers, A. L., Farley, R. S., Fuller, D. K., Jubenville, C. B. & Caputo, J. L. (2008). The effect of static stretching on phases of sprint performance in elite soccer players. *Journal of Strength and Conditioning Research, 22* (5), 1416–1421.

Schnabel, G., Harre, D. & Barde, A. (Hrsg.). (1997). *Trainingswissenschaft. Leistung - Training - Wettkampf. Die Studienausg*abe: SVB Sportverlag Berlin GmbH.

Schönthaler, S. R. & Ohlendorf, K. (2002). *Biomechanische und neurophysiologische Veränderungen nach ein- und mehrfach seriellem passiv-statischem Beweglichkeitstraining* (Wissenschaftliche Berichte und Materialien / Bundesinstitut für Sportwissenschaft, 1. Aufl.). Köln: Sport und Buch Strauß.

7 Tabellenverzeichnis